T0283094

Usar el péndulo correctamente

Manual rápido y sencillo

Andrea Hülpüsch
Sabine Kühn

Usar el péndulo correctamente

Manual rápido y sencillo

EDICIONES OBELISCO

Si este libro le ha interesado y desea que le mantengamos informado
de nuestras publicaciones, escríbanos indicándonos qué temas son de su interés
(Astrología, Autoayuda, Ciencias Ocultas, Artes Marciales, Naturismo,
Espiritualidad, Tradición...) y gustosamente le complaceremos.

Puede consultar nuestro catálogo de libros en www.edicionesobelisco.com

Colección Feng shui y Radiestesia
USAR EL PÉNDULO CORRECTAMENTE
Andrea Hülpüsch - Sabine Kühn

1.ª edición: mayo de 2011
3.ª edición: julio de 2022

Título original: *Richtig Pendeln*

Traducción: *Almut Dengl*
Corrección: *Leticia Oyola*

© 2009, Schirner Verlag, Darmstadt
(Reservados todos los derechos)
© 2011, Ediciones Obelisco, S. L.
(Reservados los derechos para la presente edición)

Edita: Ediciones Obelisco, S. L.
Collita, 23-25. Pol. Ind. Molí de la Bastida
08191 Rubí - Barcelona - España
Tel. 93 309 85 25
E-mail: info@edicionesobelisco.com

ISBN: 978-84-9111-889-3
Depósito Legal: 13.252-2011

Printed in Spain

Impreso en España en los talleres gráficos de Romanyà/Valls S. A.
Verdaguer, 1 - 08786 Capellades (Barcelona)

Agradecimientos

Agradecemos a Markus Schirner las numerosas aportaciones que ha hecho a nuestros nuevos libros sobre péndulos y a su equipo por el gran apoyo que nos facilitó. Disfrutamos mucho de nuestro trabajo en equipo y esperamos con ilusión futuros proyectos en común. Agradecemos el hecho de que la editorial Schirner nos dé la posibilidad de realizar nuestros proyectos. Damos las gracias también a Christa Seufert y Hildegard Fischer-Lind (artista), por haberse ofrecido a comprobar las instrucciones de este libro.

Prefacio

Cuando yo, Sabine Kühn, empecé a crear tablas para manuales del péndulo, mi intención era, en primer lugar, encontrar remedios eficaces para los problemas cotidianos. Unos años más tarde, recibí un tratamiento naturópata por la sanadora Andrea Hülpüsch, que implicaba, entre otras cosas, la kinesiología y la varilla. Al cabo de un tiempo, nos dimos cuenta de que los resultados kinesiológicos y los que nos facilitaba el péndulo se correspondían.

Andrea mostró especial interés por mis tablas de péndulo. Sin embargo, en aquel momento no quería entregárselas a nadie, ya que estaban pensadas para este libro.

Nos gustaba trabajar juntas y ella podía aportar mucha experiencia práctica, por tanto, decidimos completar mi colección de tablas, reuniendo las aportaciones de cada una.

Nuestra intención era ofrecer al lector interesado un conjunto completo de tablas e instrucciones para el uso del péndulo. Pronto, se nos hizo evidente que, dada la abundancia de material, saldrían varios tomos.

Gracias a su conocimiento médico, Andrea pudo completar la colección a través de numerosas tablas y listas del ámbito sanitario. Además, encontramos entre sus materiales muchas ideas interesantes para los seminarios de péndulo.

Ya ha pasado un tiempo desde que se publicaron los primeros tres libros *Pendeln als Lebenshilfe* («El péndulo como autoayuda»), *Pendeln für die Gesundheit* («El péndulo para la salud») y *Pendeln bei Allergien, Übersäuerung und Umweltgiften* («El péndulo para las alergias, la acidez y los tóxicos ambientales») y las respuestas positivas por parte de los lectores nos han motivado a seguir.

A diferencia de nuestras publicaciones anteriores, este libro conciso contiene instrucciones muy completas para facilitar el uso del péndulo al principiante en la iniciación en esta práctica.

Os deseamos un aprendizaje ameno y fructífero.

Nota

Los contenidos de este pequeño libro introductorio se han elaborado con sumo cuidado. Las autoras no se responsabilizan de posibles perjuicios. Este libro no puede sustituir la consulta con un médico o un terapeuta.

Schirner Verlag, 2009

Parte I

Bases teóricas

¿Qué significa radiestesia?

La radiestesia es el método de la búsqueda intuitiva y la percepción de frecuencias. Por medio de la intuición, utilizando la varilla o el péndulo, se puede obtener información prácticamente de cualquier índole.

Importante:

Todos los ejercicios descritos en este manual se pueden realizar tanto con el péndulo como con la varilla.

En la mayoría de los casos, y para simplificar, hemos empleado la palabra *péndulo* refiriéndonos a ambos aparatos.

La actitud interior

Antes de empezar, es preciso procurar una actitud interior equilibrada. El ambiente en que uno pretende practicar, debería ser tranquilo y sin interferencias, al menos, mientras uno está en la fase inicial.

A ser posible, es aconsejable lavarse las manos antes.

A fin de acostumbrarte y crear una rutina, procura seguir, al menos al principio, siempre la misma secuencia de pasos preparativos. Se podría aplicar esta rutina también como ritual para el uso del péndulo y la varilla, pues el subconsciente suele aprender con mayor facilidad a través de los rituales.

Prohibido usar el péndulo

Te rogamos que, nunca uses el péndulo bajo influencia de alcohol o drogas, porque se pueden llegar a despertar energías inferiores que, en algunos casos, incluso permanecen en el aura.

Si el ritual introductorio no te da el OK, no es aconsejable usar el péndulo (de esto se volverá a hablar más abajo). En este caso, probablemente, no conseguirás establecer ninguna conexión porque posiblemente el entorno no sea el adecuado o te encuentres en un campo de interferencias.

De hecho, existen varias explicaciones posibles; y una posibilidad consiste en hacer el test de la tabla «Errores del péndulo» (*véanse* páginas 86-89).

La ética del uso del péndulo

Nunca consultes el péndulo por motivos indignos o egoístas.

Además, no debería ser consultado en nombre de otras personas sin su permiso.

No siempre es aconsejable hacer preguntas acerca de vidas pasadas, a no ser que tengas una formación terapéutica o bien una larga experiencia psicológica que te incapaciten a enfrentarte a los resultados.

En el caso de que consultes el péndulo para otros, pide su permiso antes.

También deberían quedar excluidos cualquier tipo de asuntos íntimos de amigos, vecinos, colegas, parientes y otras personas.

¡Igual de absurdo es tratar de determinar los números de la lotería a través del péndulo!

Los diferentes tipos de péndulo

- Péndulo divinatorio, el de uso más común, hecho con diversos materiales.

- Varita pendular, de usos múltiples y diversos materiales.

- Vergueta de zahorí, utilizada normalmente para detectar vetas de agua.

- Los péndulos caseros, con anillo, cadena, etc., también sirven.

- Movimientos pendulares del cuerpo.

Advertencia:

Al comprar un péndulo o una varita, elija el modelo que más le guste personalmente.

Tenga en cuenta que los péndulos de cristal se cargan muy rápidamente debido a su estructura cristalina y pueden falsear por tanto el resultado. Esto sucede sobre todo con los principiantes. En este caso conviene limpiar muy a menudo el péndulo, incluso durante el uso. Se recomienda a los principiantes adquirir primero un péndulo de madera o de metal.

Hemos tenido buenas experiencias en especial con péndulos de cuerpo espiral.

Diferentes tipos de péndulo:

La combinación de varilla y péndulo

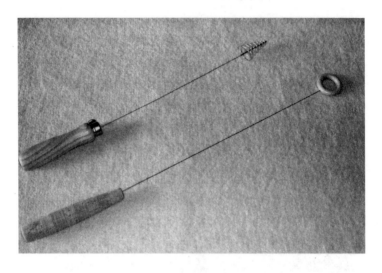

La varilla en V

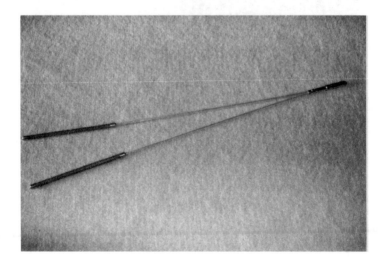

La varilla en L

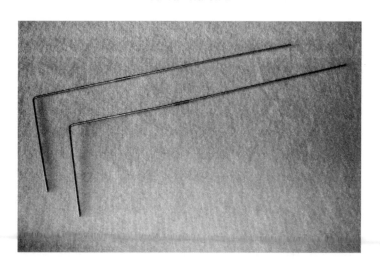

Diferentes péndulos de cono

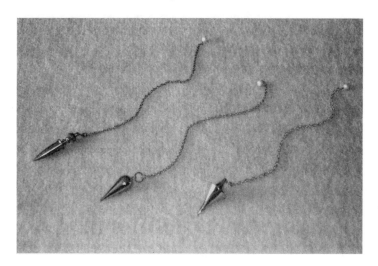

El péndulo de espiral

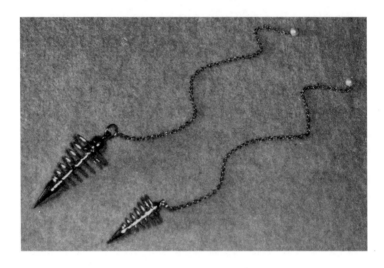

El péndulo de gema

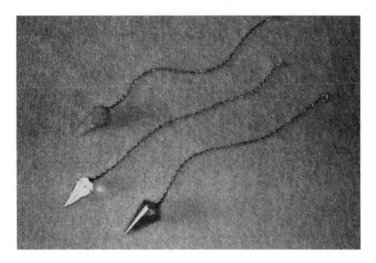

Ventajas y desventajas de los diferentes tipos de péndulo

Los péndulos de gema

Ventaja: Puede emplearse también para fines terapéuticos, por ejemplo, haciendo circular un péndulo adecuado por encima de un chakra.

Desventaja: Puesto que absorben fácilmente las energías, hay que limpiarlos a menudo. Se rompen con mayor facilidad.

Nota: Los principiantes deberían utilizar otros materiales como, por ejemplo, metal o madera.

El péndulo metálico de cono

Ventaja: Resistente, no absorbe tan fácilmente las energías ajenas. Oscila bien gracias al peso propio.

Desventaja: Ninguna.

Nota: Apropiado para principiantes.

El péndulo de espiral

Ventaja: Mayor sensibilidad a las frecuencias que el péndulo metálico de cono.

Desventaja: Puede torcerse debido a un uso inadecuado.

Nota: Apropiado para principiantes.

El péndulo de madera

Ventaja: Ligero, con un tacto agradable. Apropiado para las personas con alergia al metal.

Desventaja: Puede deformarse en un ambiente húmedo.

Nota: Apropiado para principiantes.

La varilla en V

Ventaja: El aparato más apto para detectar venas de agua e interferencias geopáticas.

Desventaja: No se presta al uso habitual del péndulo.

Nota: Sólo vale la pena si se pretende usarlo para los fines mencionados.

Combinación de péndulo y varilla

Ventaja: Tiene múltiples usos, sin restricciones.

Desventaja: Ocupa más lugar y puede torcerse, si no se transporta de forma adecuada, o romperse al usarlo inadecuadamente.

Nota: Apropiado para principiantes. Pero, siendo
             principiante, busca una varilla de manejo fá-
             cil, que no sea demasiado larga ni demasia-
             do pesada.

El cuerpo como péndulo

Ventaja: ¡Al tenerlo siempre contigo, puedes usar-
             lo en cualquier momento y en cualquier
             parte!
Desventaja: Dependiendo del estado físico, el uso del
             cuerpo como péndulo puede ser algo im-
             preciso.
Nota: Con algo de práctica, representa una buena
             técnica, por ejemplo, para hacer el test de
             algún alimento en el supermercado.

Cómo guardar el péndulo

Se debería guardar el péndulo en un lugar seguro donde esté protegido del electrosmog, las interferencias geopáticas, la radiación etc.

Recomendamos el uso de una funda, que también puede fabricarse fácilmente a mano. Cualquier material para la funda es apto, ya que no afecta al péndulo.

Desde luego, también se puede comprar un saquito ya hecho o una cajita, por ejemplo, de piedra o de madera.

Parte II

La práctica

Preparativas para el trabajo con el péndulo

Usa el péndulo sólo cuando dispongas del tiempo suficiente, cuando estés tranquilo y con buena salud física y mental.

Es recomendable purificar el ambiente antes, por ejemplo, a través de la llama violeta de la transformación (imagínate una llama ardiente de color violeta quemando todas las energías negativas), pidiendo purificación por medio de una oración, o bien usando un aerosol o incienso.

Tal vez, hayas elegido ya un ritual para ti con el que consigues purificar el ambiente. A continuación, ofrecemos una posible variante.

Apaga el teléfono y cualquier otra fuente de ruido y procura una atmósfera sin interferencias. Con firmeza, planta los pies en el suelo para estar conectado a tierra. No se deberían cruzar las piernas ni los brazos.

Ten en cuenta que tus expectativas y esperanzas pueden influir en el péndulo, por tanto: ¡es importante mantener una actitud neutra!

Antes de usar el péndulo, toma un vaso de agua, puesto que la falta de agua puede hacer que el cuerpo entre en estrés, afectando los resultados del péndulo.

Las joyas que se lleven pueden, en algunas ocasiones, interferir, sobre todo, los anillos cerrados de metal como, por ejemplo, relojes, pulseras, anillos o cadenas de metal. A veces, incluso las piedras preciosas influyen en el resultado. Por este motivo, es preferible quitarse cualquier joya.

Limpiar el propio campo energético

A veces, puede ocurrir que el aura haya recibido energías ajenas, por ejemplo, tras un viaje en bus, tren, en el lugar de trabajo o haciendo las compras. Estas energías pueden llegar a distorsionar los resultados que da el péndulo.

Para estar seguro, imagínate que te encuentras dentro de una columna de luz violeta que transforma todo lo negativo en tu campo energético. El violeta es el color con mayor poder purificante.

En el caso de que ya tengas otro método que te dé resultado, sigue usándolo.

Limpiar el péndulo

Se puede limpiar el péndulo de las siguientes maneras:

- Mentalmente, es decir, por medio de la visualización.

- Dependiendo del material, se puede sostener debajo de una corriente de agua.

- Se puede pasar la mano tres veces por la superficie del péndulo, sacudiendo la mano encima de agua o de la tierra (a ser posible no encima de objetos) y, a continuación, echarle aliento.

- Se puede invocar la llama violeta de la transformación.

- Si se domina el método, es posible limpiarlo por medio del reiki.

- Prueba otras técnicas que conozcas.

Atención:

El péndulo sólo se lo deberíamos dejar a las personas que nos resultan agradables. ¡Siempre debe limpiarse después!

El valor informativo
de los resultados del péndulo

Una persona con experiencia en el uso del péndulo puede alcanzar una cuota de aciertos del 90 por 100. Los principiantes no deberían preocuparse por acertar, sino abordarlo de forma lúdica. El que consiga dominar el propio ego, obtendrá muy buenos resultados.

Ten en cuenta: ¡Todo depende de la práctica!

Quien recurre al péndulo para el crecimiento personal, se adentrará en el tema progresivamente, obteniendo resultados cada vez mejores.

De todas formas, no deberían determinarse decisiones vitales exclusivamente a partir del péndulo. ¡Sigue confiando en tu sentido común!

El uso del péndulo y la varilla

Sostén el péndulo en la mano con la que escribes.

- Si has elegido el péndulo de cono, probablemente, será más fácil, usar un largo de cadena o hilo de unos 10 cm. El extremo de la cadena se encuentra en tu puño mientras sostienes la cadena entre índice y pulgar, de manera que forman un «pico».

- Al trabajar con el péndulo de cono, el modo más fácil consiste en apoyar el codo sobre la mesa para que el brazo no se canse tanto. Pero, también puedes sostenerlo libremente en una postura que te resulte cómoda.

Para trabajar con las tablas de péndulo, por favor, ten en cuenta lo siguiente:

- Búscate una tabla de péndulo que parezca contener la respuesta a tu pregunta. Sostén el péndulo de cono en línea vertical encima de la tabla (normalmente se reflejará un punto negro o un pequeño círculo). Haz la pregunta en voz alta y deja que el péndulo oscile encima de la tabla, hasta que sientas que esté señalando un segmento determinado.

- Si usas la combinación de péndulo y varilla, siempre procura sostenerla de manera que pueda oscilar libremente.

- Sostén el extremo del instrumento con ligereza, sin tensionarte.

- El uso de tablas y listas de péndulo se explica en el capítulo «El test de la secuencia numérica» (*véanse* páginas 65-67).

Interpretar las oscilaciones del péndulo

Ahora, intenta acordar un lenguaje con el péndulo que sepas interpretar. Cualquier dirección está bien, pero procura que cada dirección tenga un solo uso.

¡Apúntate cada dirección de péndulo y sigue con ellas en el futuro!

¿Cómo se puede saber la respuesta, cuando, ante la misma pregunta, la orientación del péndulo cambia constantemente? En este caso, no te has concentrado bien en la pregunta. Al decir: «Dame un «"sí"»», ¡no pienses ya en otra cosa que en el «sí»!

¡Ten en cuenta que el péndulo sólo examina lo que está sobre tu pantalla mental!

- Di: «¡Dame un «"sí"»!
  ¿Cómo se mueve?
  ¡Acuérdate de la dirección del péndulo!

- Di: «¡Dame un «"no"»!
  ¿Cómo se mueve?
  ¡Acuérdate de la dirección del péndulo!

- Di: «¡Muéstrame la dirección!», cuando no se puede
  o debe contestar la pregunta.
  ¿Qué sucede?
  ¡Acuérdate de la dirección del péndulo!

- Di: «¡Muéstrame una posición neutra de espera!»
  ¿Qué sucede?
  ¡Acuérdate de la dirección del péndulo!

Posibles direcciones del péndulo

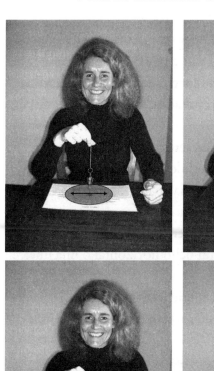

Aviso:

La posición neutra de espera se manifiesta en el péndulo de cono como inmovilidad y como un ligero subir y bajar en el caso de la combinación de péndulo y varilla.

Si obtienes otros resultados, apúntalos para futuras sesiones.

Ten en cuenta: ¡Cada ser humano es distinto!

Por lo general, el péndulo se mueve de la derecha a la izquierda desde arriba hacia abajo o, haciendo círculos, de la derecha a la izquierda.

Generalmente, cualquier tipo de oscilación es posible, incluyendo la de un ocho horizontal o una línea en diagonal.

Basándonos en la experiencia, los giros hacia la derecha y la izquierda se interpretan de la siguiente manera:

El giro a la derecha = «+» = positivo = «sí»
El giro a la izquierda = «-» = negativo = «no»

El giro a la derecha

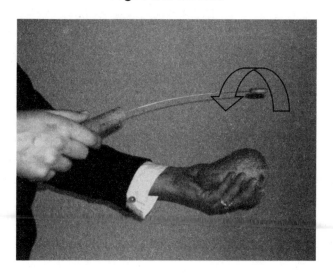

El giro a la izquierda

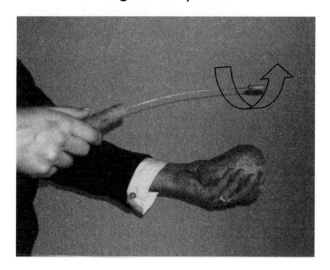

Subir y bajar

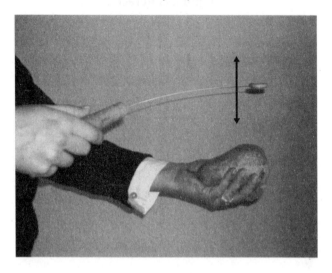

Oscilar de un lado al otro

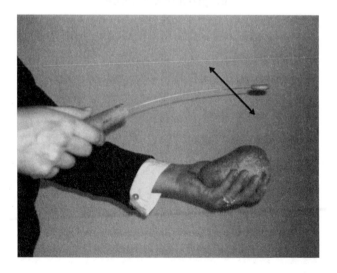

La inmovilidad

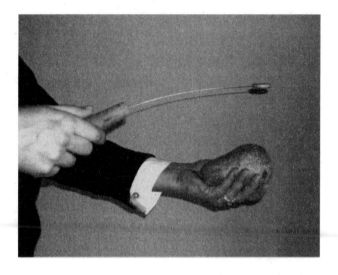

Una vez acordado un lenguaje con el péndulo, pregunta:

- «¿Estoy listo para el test y el trabajo al cien por cien?»
  Si la respuesta es «sí», continúa; si es «no», averigua
  el motivo en la tabla «Errores del péndulo» (*véanse*
  páginas 86-89).

- «¿Estoy bien conectado a tierra?»
  Si la respuesta es «sí», continúa; si es «no», asegúra-
  te de que los pies estén firmemente plantados en el
  suelo. También puedes golpear con el talón del pie o
  visualizar raíces que salen de las plantas de los pies
  entrando en la tierra.

- «¿Estoy bien conectado hacia arriba (con el yo supremo)?» Si la respuesta es «sí», continúa; si es «no», pide contacto con tu fuente divina.

- «¿Estoy libre de entes negativos?» Si la respuesta es «sí», continúa; si es «no», visualiza la llama violeta para que te purifique.

- «¿Tengo permiso para usar el péndulo?»
Si la respuesta es «sí», continúa; si es «no», averigua el motivo recurriendo a la tabla «Errores del péndulo» (*véanse* páginas 86-89).

- «¿Sé usar el péndulo?»
Si la respuesta es «sí», continúa; si es «no», averigua el motivo recurriendo a la tabla «Errores del péndulo» (*véanse* páginas 86-89).

- «¿El lugar en que me encuentro es adecuado para el trabajo con el péndulo?»
Si la respuesta es «sí», continúa; si es «no», cambia de lugar hasta obtener un OK.

- «¿Existe algún tipo de influencia?»
Si la respuesta es «sí», continúa; si es «no», averigua el motivo recurriendo a la tabla «Errores del péndulo» (*véanse* páginas 86-89).

¡Ahora puedes empezar a trabajar con el péndulo!

Si aún no te sientes del todo listo para empezar o si temes haber omitido algo, invoca la ayuda de los ángeles o los maestros con las palabras:

«Por favor, sanad y armonizad todo lo que puede llegar a interferir en mi capacidad de usar el péndulo. Muchas gracias».

Cómo formular una pregunta correctamente

Acuérdate de hacer preguntas que se puedan responder con un «sí» o un «no».

Por ejemplo, no digas:

«¿Debería mudarme ahora o no?»

Una pregunta de este tipo no se puede contestar con el péndulo, porque falta una asignación clara.

La manera correcta sería:

«¿Sería bueno para mí mudarme ahora?

O:

«¿Obtengo el mejor resultado si me quedo donde estoy?»

Ésta es una pregunta que el péndulo entiende y que puede contestar.

Evita hacer preguntas que contengan «debo» o «puedo».

¡No se trata de que si debes o puedes, sino de si es lo mejor para ti!

Otras posibilidades de formular preguntas:

- ¿Me hace bien ingerir...?

- ¿Es bueno para el cuerpo si...?

- ¿Fomenta mi salud si...?

- ¿Perjudica mi bienestar si...?

- ¿Me beneficiará si...?

Parte III

Instrucciones para el uso del péndulo

Primeros ejercicios

Las siguientes instrucciones funcionan tanto con la combinación de péndulo y varilla como con el péndulo de cono. Haz el test de un alimento o un objeto para comprobar si te beneficia.

Técnica 1:

Con una mano, sostén el péndulo o la varilla, con la otra, toca el objeto o el alimento. Pregunta si, por ejemplo, la pera es buena para ti y observa la reacción del péndulo. ¿Contesta con un «sí»?

Ten en cuenta que, posiblemente, diga que sí porque, en este momento, la pera te conviene. ¡Esto no significa, sin embargo, que una segunda pera también te convenga!

Técnica 2:

Esta técnica se diferencia de la primera en que se sostiene el objeto en la mano.

Técnica 3:

Sostén el péndulo encima del objeto, sin tocarlo con la mano y repite el procedimiento de la técnica 1.

El test
de la secuencia numérica

- Coloca el péndulo en la «posición de espera».

- Formula tu pregunta en voz alta y clara.

- Busca una lista con números.

- Revisa los números en pasos de diez, por ejemplo, 1-10, 11-20, 21-30, etc.

- En el lugar en el que el péndulo oscile esta vez, investiga más a fondo, por ejemplo, 1-5, 6-10.

- En el lugar donde el péndulo oscile, sigue examinando en pasos de uno por uno, hasta obtener una respuesta unívoca para un número.

- Lee el texto que pertenece a ese número.

Ejemplo:

Tienes una lista con 40 posiciones (1-40) para las flores de Bach (*véanse* páginas 82-85).

Formula la pregunta que quieras dirigir al péndulo, por ejemplo:

- «¿Cuál de las flores de Bach me conviene más en este momento?».

- «¿La respuesta a mi pregunta está entre 1 y 40?».

- «No» significa que no necesitas ninguna flor de Bach; si la respuesta es «sí», sigue preguntando:

- «¿La respuesta a mi pregunta está entre 1 y 15?».

- Si la respuesta es «sí», sigue preguntando: «¿La respuesta a mi pregunta está entre 1 y 8?».

- Si la respuesta es «no», pregunta: «¿La respuesta a mi pregunta está entre 9 y 15?».

- Llegado a este lugar, debería salir un «sí». De esta manera, se va delimitando el número cada vez más, hasta obtener un número inequívoco.

- Sigue preguntando: «¿Necesito otra flor de Bach?».

- Repite el mismo procedimiento.

Una vez dominado este sistema de test, ¡puedes crear tus propias listas de respuestas y ponerles números!

Usar el cuerpo como péndulo

La técnica de usar el cuerpo como péndulo a la hora de hacer las compras ha dado buen resultado.

No necesitas ningún instrumento más que el propio cuerpo.

Procedimiento:

- Estando aún en casa, empieza a preparar el cuerpo para esta técnica.

- Ponte de pie y di: «Dame un "sí"».

- Normalmente, el cuerpo reacciona con una tracción hacia delante.

- Di: «Dame un "no"».

- Ahora, el cuerpo debería moverse hacia atrás.

- También en este método existe una posición neutra en que el cuerpo se balancea hacia los lados.

- A continuación, coloca un alimento en la mano, por ejemplo, un plátano y pregunta: «¿Me conviene este alimento?».

- En lo siguiente, el cuerpo tenderá hacia una de las tres direcciones.

- Si el alimento te conviene, el cuerpo tirará hacia delante.

- Si el alimento no te conviene, todo el cuerpo se inclina hacia atrás como si fuera para esquivarlo.

- Si es neutro, el cuerpo responderá con un balanceo.

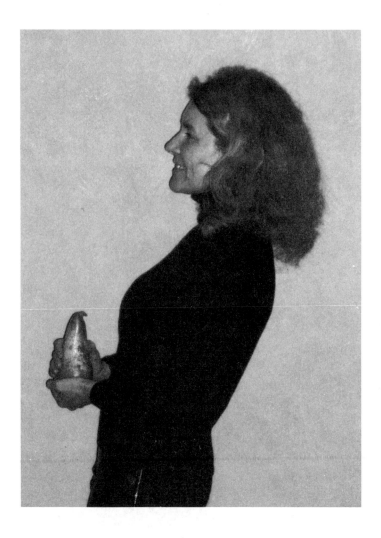

- De la misma manera, se puede proceder con todos los alimentos, champúes, detergentes, suplementos y otros productos.

Indicaciones de cantidades
y duración

Si, por ejemplo, quieres averiguar a través del test si ingieres una cantidad suficiente de vitaminas, pregunta:

«¿Tomo suficientes vitaminas?».

Si la respuesta es «no», puedes averiguar las vitaminas que te faltan por medio de una lista de vitaminas o bien diciendo en voz alta el nombre de las vitaminas que conoces.

El modo más fácil de determinar las cantidades y la duración de la terapia es usando las siguientes tablas.

Frecuencia

1. Cada hora
2. 1 vez al día
3. 2 veces al día
4. 3 veces al día
5. 4 veces al día
6. 5 veces al día
7. 6 veces al día
8. 7 veces al día
9. 8 veces al día
10. 9 veces al día
11. 10 veces al día
12. 11 veces al día
13. 12 veces al día
14. 1 veces a la semana
15. 2 veces a la semana
16. 3 veces a la semana
17. Tabla de errores
18. Otros

Frecuencia

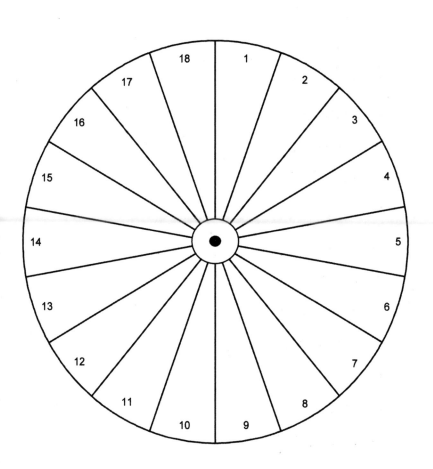

Duración del tratamiento

1. 1 día

2. 2 días

3. 3 días

4. 4 días

5. 5 días

6. 6 días

7. 1 semana

8. 2 semanas

9. 3 semanas

10. 4 semanas

11. 5 semanas

12. 6 semanas

13. 7 semanas

14. 2 meses

15. 3 meses

16. 4 meses

17. 5 meses

18. 6 meses

19. 7 meses

20. 8 meses

21. 9 meses

22. 10 meses

23. 11 meses

24. 1 año

25. Más de 1 año

26. Sólo si existen molestias

27. Tabla de errores

28. Otros

Duración del tratamiento

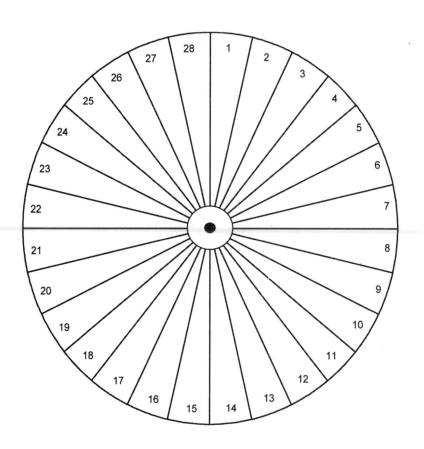

Flores de Bach

Para averiguar la cantidad de gotas o comprimidos, se pregunta por la cantidad, diciendo en voz alta la serie de números (1, 2, 3, etc.). En el lugar en que el péndulo oscila, se indica la dosis adecuada.

Aviso:

En el caso de tener molestias, la automedicación no debe sustituir la consulta con el médico o el naturópata.

Las flores de Bach

1. Agrimony - Agrimonia

2. Aspen - Álamo temblón

3. Beech - Haya

4. Centaury - Centáurea

5. Cerato - Ceratostigma

6. Cherry Plum - Cerasífera

7. Chestnut Bud - Brote de Castaño

8. Chicory - Achicoria

9. Clematis - Clemátide

10. Crab Apple - Manzano silvestre

11. Elm - Olmo

12. Gentian - Genciana de campo

13. Gorse - Aulaga

14. Heather - Brezo

15. Holly - Acebo

16. Honeysuckle - Madreselva

17. Hornbeam - Hojarazo o Carpe

18. Impatiens - Impaciencia

19. Larch - Alerce

20. Mimulus - Mímulo

21. Mustard - Mostaza

22. Oak - Roble

23. Olive - Olivo

24. Pine - Pino

25. Red Chestnut - Castaño rojo

26. Rock Rose - Heliantemo o Jarilla

27. Rock Water - Agua de roca

28. Scleranthus - Scleranthus

29. Star of Bethlehem - Leche de gallina

30. Sweet Chestnut - Castaño dulce

31. Vervain - Verbena

32. Vine - Vid

33. Walnut - Nogal

34. Water Violet - Violeta de agua

35. White Chestnut - Castaño de Indias

36. Wild Oat - Avena silvestre

37. Wild Rose - Rosa silvestre o Escaramujo

38. Willow - Sauce

39. Rescue - Rescate

40. Error

Flores de Bach

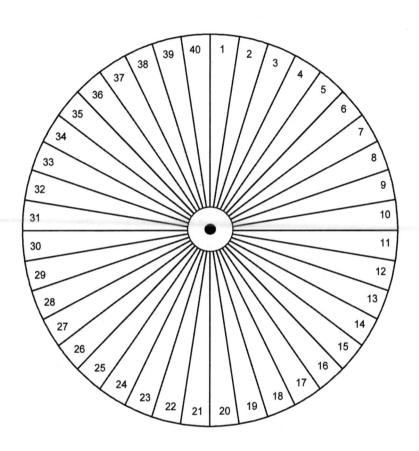

Errores del péndulo

1. El péndulo no está limpio

2. Temporalmente, no se debe contestar

3. Planteamiento egoísta

4. No se dispone de una tabla de péndulo adecuada

5. Interpretación errónea

6. Falta de concentración

7. Falta de tranquilidad

8. La pregunta contiene varias preguntas

9. La formulación de la pregunta no es clara

10. Invade la intimidad de otros

11. No es neutro

12. Falta de interés real

13. Falta de confianza en las respuestas

14. Debilidad física

15. Problemas circulatorios

16. Parar, descansar

17. Frecuencias/radiaciones que interfieren

18. Factores de interferencia en el entorno

19. Interferencia de campos magnéticos terrestres

20. Actualmente, el tema no es adecuado para el péndulo

21. Fatiga

22. Supera la capacidad actual de comprensión

23. Hipoglucemia

24. Contractura

25. Autoengaño

26. Muy agitado

27. Muy impaciente

28. Otros

Errores del péndulo

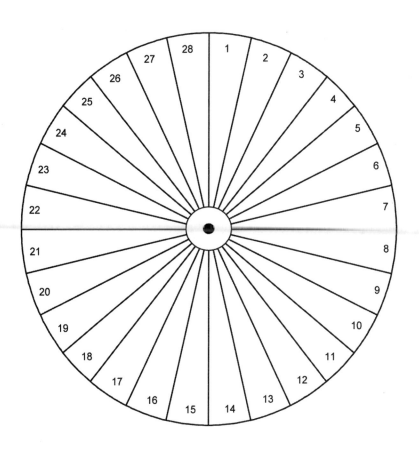

Consultar el péndulo para otros

Generalmente, es posible consultar el péndulo para otros. No obstante, se requiere el permiso explícito de las personas implicadas.

Procedimiento:

Prepárate para el trabajo con el péndulo, tal como se explica en el primer capítulo.

Pregunta:

- ¿Estoy autorizado para consultar el péndulo para la persona X?

- ¿Existe alguna objeción?

Si la respuesta a la primera pregunta es «no», ¡suspende la consulta!

Si la respuesta a la segunda pregunta es «sí», examina los motivos contrarios a dicha consulta (*véase también* la tabla «Errores del péndulo», páginas 86-89).

Detectar bloqueos en el cuerpo

Instrucción:

- Piensa en: «Desequilibrio entre los órganos».

- Pasa con una mano por encima de los órganos del cuerpo mientras vas diciendo el nombre de cada uno en voz alta.

Ejemplo: Apoya dos dedos sobre el corazón y di en voz alta: «corazón».

- Inicialmente, el péndulo se encuentra en la posición de espera, es decir, se sostiene relajadamente en la mano sin apuntar hacia ningún órgano en particular.

- Si el péndulo, a continuación, gira hacia la derecha, esto indica una falta de energía.

- Repite el mismo procedimiento con los demás órganos. Los órganos que se empiecen a notar, en este momento, padecen una falta de energía.

- Memoriza o apúntate los órganos en cuestión.

- Carga el órgano de energía, efectuando con el péndulo un giro hacia la derecha.

- Al mismo tiempo, piensa:
  «Cargo de energía el órgano de manera suave y completa», mientras sostienes la mano libre sobre el órgano.

- Deja que el péndulo o la varilla oscile en el sentido de la aguja del reloj, hasta que el órgano esté equilibrado. Una vez llegado ese momento, el péndulo recuperará su posición inicial de espera.

Esta técnica se puede realizar, sin problemas, a nivel diario. Seguramente, dentro de poco tiempo, te sentirás en buena forma y con mayor resistencia.

Si quieres utilizar esta técnica con otras personas, sigue el mismo procedimiento. Coloca la mano sobre el lugar debajo del cual se sitúa el órgano en cuestión. Antes de tocar el cuerpo de la persona, pide su permiso.

Importante:

Esta técnica no puede sustituir la consulta con el médico o el naturópata, pero puede utilizarse de forma complementaria para acompañar cualquier proceso de curación.

Utilizar colores, sales de Schüssler y flores de Bach

- Si tienes alguna molestia, encuentra un remedio haciendo el test.

- Pregunta en qué dosis y por cuánto tiempo debes tomar el remedio o qué colores o piedras se deben mirar (la energía se absorbe también a través de los ojos).

- Al cabo de un tiempo, vuelve a hacer el test de los remedios, incluso si aún no ha pasado el tiempo previsto. ¡A veces, el cuerpo trabaja con mayor velocidad de lo que pensamos!

Consejo:

En caso de que sea necesario, utiliza las tablas de péndulo «Frecuencia» y «Duración del tratamiento» (*véanse* paginas 76-77 y 78-81).

Detectar venas de agua
e interferencias geopáticas

- Prepárate mentalmente para el tema, por ejemplo, pensando en venas de agua.

- Camina lentamente por el terreno o el ambiente.

- En el lugar en que el péndulo oscila, se puede sospechar la existencia de una vena de agua.

- A continuación, se puede examinar la extensión y la orientación de la vena.

- De la misma manera, se hace el test de las interferencias geopáticas. Se denominan *geopatías* o *zonas de interferencia geopática*: las venas de agua, las retículas geomagnéticas (que cubren la faz de la tierra), las fallas o quiebras geológicas. Todos los organismos son más o menos sensibles a las zonas geopáticas. En algunas ocasiones, particularmente, cuando uno permanece durante un tiempo prolongado en estos lugares, pueden llegar a tener efectos negativos sobre los seres humanos, los animales y las plantas.

- Averigua cuál de los métodos para localizar interferencias en el hogar se adapta más a ti. Son numerosos las posibilidades y los productos que existen al respecto. Una de las mejores maneras consiste en tratar de ubicar la cama en un lugar mejor localizado por medio del péndulo.

Hacer el test de los alimentos

- ¿Existe una alergia a este alimento?

- ¿Existe una intolerancia a este alimento?

- ¿Es bueno para mí comer menos de este alimento o dejar de comerlo?

- ¿Es bueno/mejor para mí evitar ciertas combinaciones?

- ¿Es bueno para mí procurar una determinada propiedad del alimento (por ejemplo, agricultura biológica, la frescura, el país de origen...)?

Epílogo

Esperamos que este libro haya facilitado al lector el acceso al mundo del péndulo y de la varilla.

Si, a pesar de tu esfuerzo, no consigues dominar el uso del péndulo, posiblemente sea por uno de los siguientes motivos:

- El color del soporte resulta perturbador: cámbialo por una tela blanca.

- Deshidratación de las células.

- Falta de oxígeno.

- Estado de estrés autoimpuesto.

Por favor, ten en cuenta que algunos temas te pueden resultar más fáciles que otros. ¡No necesariamente vas a tener siempre la misma facilidad para hacer el test!

Índice

Entre la multitud de libros de texto sobre Radiestesia, *Manual del péndulo* es el único que presenta de un modo sencillo y a la vez completo todos los usos prácticos del péndulo.

Es el libro indicado sobre todo para aquellos que se quieran iniciar en esta práctica, pues les señala a escoger el péndulo más adecuado, a utilizarlo correctamente y a obtener la sensibilidad energética necesaria para practicar la Radiestesia.

También es el libro indicado para el Radiestesista experto, ya que hallará en él numerosas informaciones inéditas hasta la fecha, que le permitirán aplicar en péndulo en otras disciplinas como la Aromaterapia, las Flores de Bach, la Gematología o el trabajo con los Chakras.

Werner Giessing es un experimentado profesor y practicante de radiestesia. Con este libro se impuso la tarea de escribir un manual del
péndulo que cubriera todas las expectativas, y que fuera útil tanto para
principiantes como para profesionales en la materia.

Gracias a este libro podrás aprender todo lo que necesitas saber sobre
el péndulo. Empezando por la elección del péndulo adecuado y apren-
diendo cómo utilizarlo correctamente, se abordan sus posibles materiales, formas, tamaños, manejo... así como a formularle preguntas.

Profusamente ilustrada, esta obra también instruye sobre las diferentes
posturas de manos y cuerpo que deben adoptarse al usar el péndulo e
incluye un conjunto de tablas para facilitar las preguntas, que el radiestesista novel deberá usar en sus primeras experiencias.

El presente libro nos acerca con detalle y profundidad al mundo del
péndulo: la práctica en sí misma, la razón de su eficacia, sus ventajas,
pero también las precauciones que deben tenerse en cuenta, con el
objetivo de que éste se convierta en un fiel compañero de viaje al que
siempre podamos recurrir para que nos dé la respuesta oportuna.

¡Haz entrar la magia en tu vida!
Aprende a utilizar el péndulo para realizar tus deseos.

El péndulo es mucho más que una pesa en la extremidad de una cuerda. Se trata, de hecho, de una poderosa herramienta mágica que se utiliza en la adivinación desde hace miles de años. Como fiel escrutador de la verdad, el péndulo puede comunicar con los reinos de lo desconocido y contestar a cualquier tipo de inquietud.

En este libro, Richard Webster nos explica cómo elegir un péndulo, e incluso cómo fabricar uno personalizado. Nos enseña cómo usarlo y cómo afinar su destreza.

La magia del péndulo para principiantes nos enseña a utilizar el péndulo en mil y un propósitos prácticos ayudándonos a tomar decisiones, localizar objetos perdidos, resolver problemas de salud, comunicar con los espíritus, explorar vidas pasadas, identificar la propia negatividad, encontrar trabajo, establecer metas y alcanzar objetivos.

Y, cuando nos sintamos preparados para un nivel más avanzado, con el apoyo del capítulo final, descubriremos el Huna, un sistema poco conocido que practican los Kahunas hawaianos para hacer magia y milagros.